L'INEDITO CARAVAGGIO

DIALOGO CON IL MAESTRO DEL SEICENTO ITALIANO

Gianpiero Menniti

Short Art Books

Codice ISBN: 9798827620471
Casa editrice: Independently published

In copertina: Maria Casalanguida, "Bottiglie e cubetto", 1975, collezione privata

A mia Madre.

A mio Padre.

"Credo che un vero amore per l'arte sia un dono, quanto il crearla; e può anche essere che entrambi scaturiscano dalla stessa sorgente mentale."

BERNARD BERENSON, TRAMONTO E CREPUSCOLO

PREFAZIONE

Qualcuno dei lettori avrà visto *"Fantasmi a Roma"*?
Si tratta di un film del 1961, per la regia di Antonio Pietrangeli, sceneggiato, tra gli altri, da Ennio Flaiano ed Ettore Scola. Una commedia davvero brillante, magistralmente interpretata da Eduardo De Filippo, Tino Buazzelli, Marcello Mastroianni, Sandra Milo e Vittorio Gassman. Quest'ultimo fa la parte di un pittore "maledetto", tranchant e godereccio, figura di fantasma arrogante e teatrale. Forse è stata la memoria di questa pellicola a sedimentare nella mia mente l'anelito fantasioso, corrivo alla natura del pensiero umano.
Così, per incontrare Michelangelo Merisi detto "Caravaggio", celebre artista, vissuto a cavallo tra la fine del Cinquecento e la prima decade del Seicento, esisteva una sola possibilità: quella di avanzare in una regione impervia, misteriosa, senza tempo e senza spazio, il luogo dell'impossibile che diventa vita, irripetibile.
È il regno del sogno.
Senza volerlo, questo regno si è generato.
Assieme ai suoi protagonisti.

INTRODUZIONE

La collana "Short Art Books" è dedicata a brevi, scorrevoli saggi sulla storia dell'arte e sull'estetica dei fenomeni artistici, proposti in una modalità spesso insolita poiché inscritta nella percezione dell'autore e ricomposta nella forma di testi narrativi.

PROLOGO

Dialogo.

Forma antichissima di racconto.

Poiché l'atto del conversare è fondativo delle relazioni umane, la forma dialogica risponde a quell'aspirazione e lascia emergere la ricerca nella sua espressione viva, come sulla scena di un teatro.

In questo solco, appare qualcosa più: l'affabulazione.

Si tratta di quel sottile sentimento capace di pervadere il lettore e lo spettatore, naturalmente condotto a interpretare la parola diretta, immediata, che corre tra gli interlocutori, nel segno della verità.

La verità del contesto, quella che preserva il piacere suscitato dal racconto.

Accade a causa di una mancanza: la voce narrante.

La figura che si pone esterna al racconto, fino a connotarlo di un velo irreale.

Scompare.

E le voci dei protagonisti risalgono da un mondo sommerso fino a lasciarsi ascoltare nitide.

Cadenzate dal confronto non più di concetti ma innanzitutto di anime che desiderano conoscersi e rivelare.

Sonno... Oblio che rischiara la mente

*L*asciami il passo! Ché la mia vista sia sgombra.

Ehi, ma che fa qui? Al capezzale di una moribonda... Cosa cerca? Chi è lei, con questo vestito da pagliaccio?

Vediamo d'intenderci marrano, quattrocento anni fa ti avrei dato il tempo di un fiato prima d'infilarti col ferro della mia lama da parte a parte. Ma questo lungo giacere nell'ombra mi ha insegnato ben di più. Del resto, se non guardare il mondo, altro non saprei cosa fare, pur se mi è rimasto l'antico talento del vedere ciò che ad altri sfugge...

Ma tu chi sei? Momento, momento, il tuo volto ha qualcosa di familiare, io ti ho già visto, ma dove... No, voglio dire... Ti ho già visto ma non in persona, ho visto il tuo ritratto: diamine, sei Caravaggio!
Non è possibile... Sì, tu sei Caravaggio, accidenti... Sei proprio tu...

Ah, ce n'hai messo, allora non sei così idiota come d'esordio.
Bene.
Adesso però lasciami contemplare questo corpo e la sua trasformazione.
Qui c'è la verità ed è quanto cerco, quanto mi appaga.
Il buon Dio mi lascia vagare e ne ho ben donde perché io la fede in lui l'ho saputa vedere negli uomini e nelle donne del mio tempo, io più cristiano di quelle porpore e dei cosiddetti uomini dabbene.
Io ho visto la vita come fosse e di quella ho fatto modello e non fronzolo d'idea, ma pensiero incarnato, carne e sangue e dolore e sostanza e sentimento.
Tutto è vita poiché questa è uguale per ciascuno: chi soffre e chi gode è soggetto di corporeità, di sensi e di pulsioni che dominano.
La passione furiosa che è figlia dello spirito non è peccato, nulla è veramente peccato.
Non esistono gerarchie ma un'umanità di eguali nella quale la sozzura del corpo e la santità dell'anima convivono, si mischiano,

si alimentano a vicenda e le idee sono parole pronunciate e gesti compiuti ed espressioni dei volti a misura dello stato d'animo che le sorregge, in assenza del quale l'esistenza non compirebbe il percorso della coscienza.

Così sono gli esseri umani: luce e buio ma veri, reali, di baratri profondi, come la vita che s'anima nei corpi e poi decade fino al putridume, che si nutre di corpi e di sangue dei vivi e di ciò che resta dei morti, senza separazione alcuna.

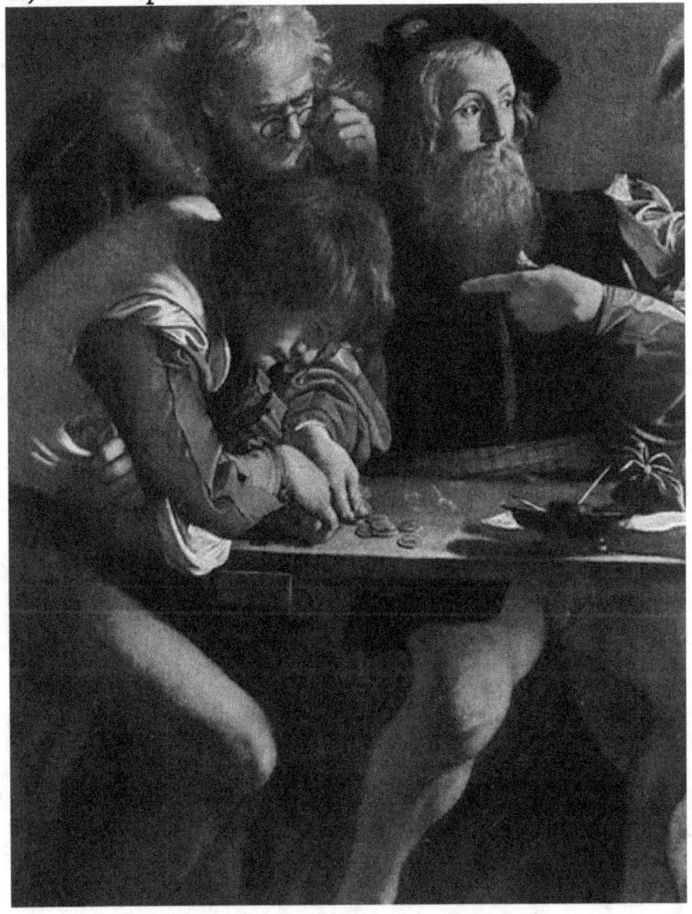

Sai Caravaggio, sono giorni che mi tormenti. I tuoi dipinti e ancora di più la tua esistenza. Così breve, intensa, francamente anche un po' stupida. Se tu non fossi stato il pittore che sei, credo proprio che dubbi su quell'esistenza dissennata nessuno ne avrebbe: un balordaccio da strapazzo, perché il succo che si ricava dai principali biografi del tuo tempo, il '600 che hai vissuto solo ai suoi esordi, è proprio tutto in quest'espressione. Fai persino rabbia per le occasioni perdute e l'idiozia di un talento buttato al macero. Saresti stato uno dei più grandi, probabilmente la tua ricerca ti avrebbe condotto a percorrere strade in largo anticipo sui tuoi contemporanei, saresti stato la punta avanzata di una pittura capace di toccare limiti impensabili: ma lo capisci che se tu fossi vissuto più a lungo avresti travolto un intero sistema culturale? Dalle mie parti, in Calabria, con un'espressione colorita si direbbe: *"cchi cazzu e' capu hai?"*. E adesso, eccoti qui che te ne stai a osservare una povera donna mentre muore…

Ma cosa contesti?
Sul serio sei anche tu come tutti quegli altri che si son posti di buzzo buono a far di netta misura le parole di tre manigoldi della penna?
Chi sei, un altro che crede di poter capire Caravaggio dai racconti miseri di tre miserabili.
Baglione, ah, che grandissimo coglione… E c'è ancora gente come te che legge simili fanfaluche.
Imbecille tu e lui: ma non ti avvedi che figure come il Cardinal Del Monte, il Marchese Giustiniani, Scipione Borghese, e poi naturalmente gli eredi Contarelli e Tiberio Cerasi, loro capirono e apprezzarono mentre quel coglione di mezzo pittore di Baglione scriveva menzogne sulle mie ossa perdute…

A proposito di ossa, ma com'è andata veramente su quella spiaggia a Porto Ercole…

Ehi, ragazzo, guarda che siamo in un sogno, peraltro tutto tuo: io, qui, nasco dalle tue letture e dai ghiribizzi della tua mente. Tutto quel che io dico, tu lo sai già, lo stai solo ponendo in un ordine diverso, a guisa di un fiume che segue un corso fatto chissà quando e chissà perché…

Sì, hai ragione, allora, continua pure. Però, in questi secoli sei arrivato anche alla psicologia del '900 e direi oltre...

Che scoperta!

Davvero credi che nel mio secolo non fosse percepito l'antro indiavolato della mente? Non c'erano le parole giuste e l'epoca avrebbe detto insane quelle dell'austriaco inventore della psicoanalisi. Ma si conosceva il mondo oscuro della psiche fin dalle voci più antiche e tanto bastava alla coscienza per essere in dubbio sulle origini di tanto mistero che solo Iddio può svelare.

Adesso fammi tornare sul discorso.

Beh, dicevo "sulle mie ossa perdute" perché è facile fare il biografo che si finge oggettivo e benigno per essere tenuto in autorevolezza mentre quelle pagine grondano di livore denso come una colla.

Ma tutti la fanno breve sulle mie opere dimenticando, per aggiunta, di quanto io mi sia fatto per botteghe, di Peterzano prima e del Cavalier d'Arpino poi, prima di vendere ai collezionisti e di farmi conoscere per Roma...

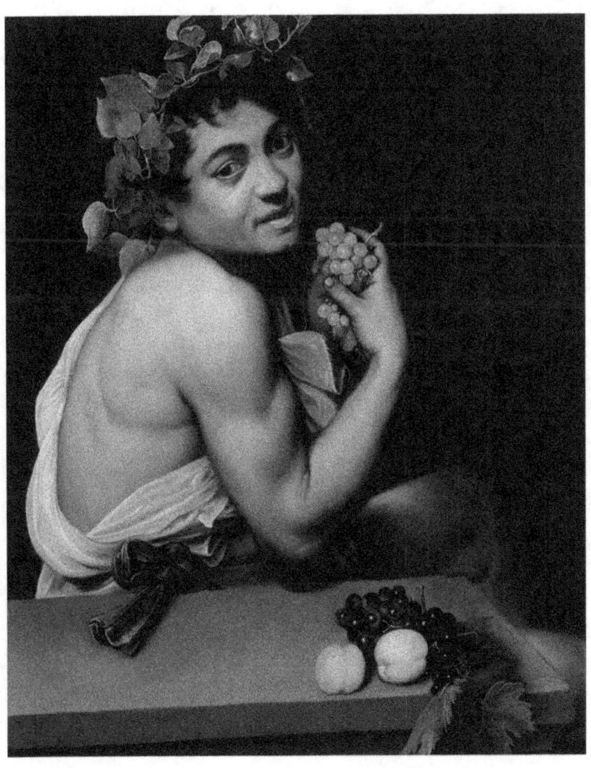

Ma guarda che lo dicono, lo dicono…

Sì, lo dicono ma non fanno capire fino in fondo la pena, il dolore, la fame, la rabbia. Paiono episodi di dovuto transito mentre furono quelle vicende a rendere il mio carattere, già animoso, più viscerale ed appassionato, sfrontato e irriverente.

Quella era una Roma che solo vissuta dal vero potrebbe essere raccontata, un mondo attraversato da una tempesta dei sensi, una vitalità talmente intensa da far saltare ogni decoro di rarefatte suggestioni morali.

Io vedevo intorno a me la realtà portarsi in luce e la pittura ancora ispirata all'idea restar fiammella che non riscalda.

Come può, colui che vede, togliere da sé quel ricordo e come può, se di ricordo dipinge, non avvedersi che esso deformasse fino a ritornare idea?

Sai tu cosa significasse in me quel tormento e quanto il dipingere mi consumasse le carni e la mente?

In quelle strade c'era ogni cosa di quel che l'arte avea di bisogno e questo lo ha scritto il buon Giovan Pietro Bellori che forse per lontananza dai fatti ebbe maggior ingegno.

Eppure, anche lui non capì che io vidi a sei anni la peste e la morte e quanto di questa e di quella serbai l'immagine in un solco profondo che separò l'anima mia in ombra ed in chiarore.

Ombra e chiarore: bada, Caravaggio, che anche su questo debbo rammentarti la citazione dei tre biografi in questione, soprattutto riferita al colore delle tue opere. Persino Baglione te ne rende atto.

Insisti e non ti avvedi di quel che hai innanzi, servo sciocco della nozione.

Essi qualcosa debbon pur dire, figli di cani. Ma di tal qualcosa essi non hanno alcuna comprensione, parlano per scuola di maniera fasulla, scrivono di pittura del vero e non sanno di cosa appellino.

Essi non vedono: guardano come stolti e Bellori dianzi chiamato buon per il grande impegno di racconto, perde ogni ragione nel giudizio

quando nel finale scrive: «Caravaggio se bene giovò in parte, fù nondimeno molto dannoso e mise sottosopra ogni ornamento e buon costume della pittura».
Sciocco, quanto un bicchiere d'acqua salata.
Ornamento e buon costume, espressioni dell'idea.
Io non volevo più la schiavitù dell'idea ma la verità del reale, fermare l'istante e racchiuderlo per sempre abbandonando la vaga visione che ottenebra la mente e riduce il reale a confusa impronta di maniera, che copia l'arte dall'arte secondo idea allontanandosi sempre più dalla vita così come in incipit ho rappresentato.

D'accordo, mi hai convinto. Tuttavia, tieni conto dei tempi: Mancini scrive di te nel 1620 e pur se con parole stringate, ti conferisce di fatto il titolo di maestro: *«Deve molto questa nostra età a Michelangelo Merisi da Caravaggio, per il colorito che ha introdotto, seguito adesso assai comunemente».* Baglione è un caso a parte, smentito anche da Luigi Spezzaferro che ti rende giustizia della vicenda riguardante il San Matteo che in realtà non venne mai rifiutato: fu una prima versione posta sull'altare e utilizzata a cappella spoglia ma già aperta al culto. Ad opera terminata, fu realizzata una seconda versione mentre la prima finì nella collezione Giustiniani. Infine c'è la questione di Bellori. Egli apprezza una sorta di Caravaggio "in luce" di matrice più espressamente lombarda e disprezza con parole inconfutabili un Caravaggio "in ombra" peraltro imitato maestro di pittura *«di corpi vulgari e senza bellezza».* E siamo nel 1672.

Ma non capisci che l'epoca cambia e quanto compiuto viene ad essere disprezzato se non si confà alla nuova maniera?
Bellori, come dicevo, intuisce ma non se ne avvede perché nel frattempo l'arte ammanta d'illusione il mondo e la realtà non trova più un colui che si armi del coraggio di narrarla.
Bellori riporta all'idea rispetto alla realtà e anticipa il Barocco.
Ecco la ragione per la quale di me, da quel fatidico 1672, non si è

più spesa parola fino all'epoca tua, con Roberto Longhi agli inizi del Novecento e poi con la mostra che egli allestì a Milano nel 1951, bontà sua.

Bellori, dicevo, intuì: nelle mie opere, dal 1602 e 1603, c'è un differente trattamento della luce rispetto al passato, un modo di dipingere che con l'ombra accresce la componente emotiva delle mie rappresentazioni.

Quel buio, che compare e dà forma, è la proposizione realistica del buio metafisico. Non c'è un Caravaggio in luce ed uno in ombra, ma solo un pittore che riconosce la forza dello spirito e che sperimenta nel contrasto tra il chiarore ed il buio lo smarrimento, eppure la consapevolezza che anima di mistero incombente la vita. Io credo di aver raggiunto la perfetta unità di queste presenze, di realtà e spirito proprio appena prima di lasciare Roma, con la "Morte della Vergine".

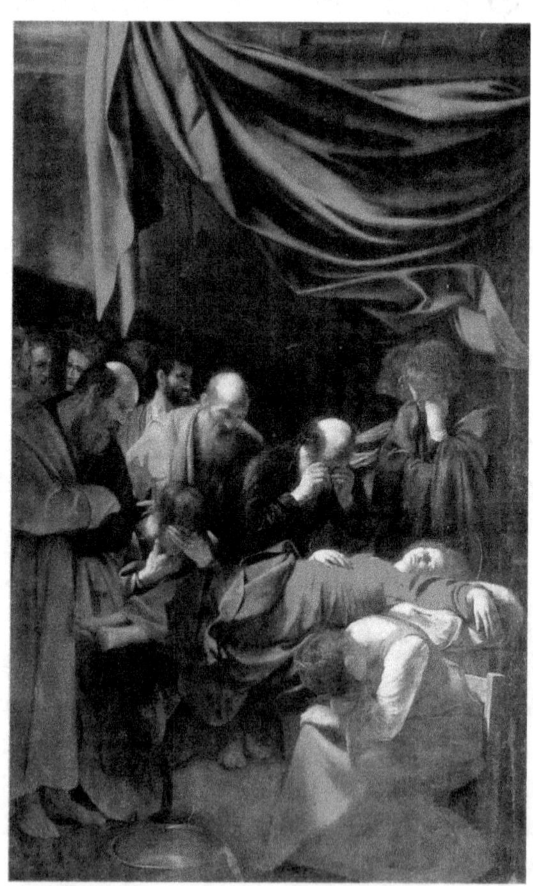

Non fu a caso rifiutata e tanto schiamazzo provocò: poiché quel che volli segnare fu la misera fragilità del corpo nella morte, la crudezza dell'essere che in nulla rivela dello spirito, lo spirito fatto di sola fede e non di consistenza visibile di fenomeno.

Bellezza?

L'arte non è bellezza.

La bellezza è orpello.

L'arte è maniera di visione: visione dell'idea e visione del reale.

Io ho scelto il reale poiché l'idea conforta ed esalta, ma il reale impone un balzo coraggioso in groppa a una bestia feroce: la vita.

Io ho scelto il reale perché ho scelto la vita.

Il colore, la luce, sono vita ma di essa occorre che il pittore tracci l'essenza astraendola dal contesto, isolandola e ricomponendola: solo in questo modo, la vita prende forma innanzi a colui che animato di coraggio vuol vederla.

Come Bellori ha peraltro spiegato: «… Non faceva mai uscire all'aperto del sole alcuna delle sue figure, ma trovò una maniera di campirle entro l'aria bruna di una camera rinchiusa».

Dunque anche tu fai opera di ricostruzione della realtà, la pieghi a un'idea: ammettilo, c'è qualche contraddizione.

Lascia che continui.

La realtà è un fenomeno sfuggente.

È questa la ragione per la quale è prevalsa l'idea e non la verità del fenomeno.

Bada, uso parole invalse in un'età lontana due secoli dalla mia.

Come ti ho detto, non ho molto da fare se non gironzolare tra i vostri secoli e i miei e tutti gli altri poiché il tempo lineare, nel mio nuovo mondo, non esiste.

Cerco di farti capire.

Dunque, se la realtà sfugge significa che essa è un fenomeno impercepibile perché connotato da transitorietà.

Quindi il pittore naturalista, anche quando appare aver colto l'istante, mente come mente lo scrittore che vuol far credere al processo istantaneo e progressivo del suo scrivere.

Come stabilire il nesso tra il reale e la sua immagine riflessa su una tela?
Ecco la necessità di ricostruire la scena di verità e ritrarla entro un corpo di luce.
Ma è il buio, irreale, che ne amplia il significato di verità poiché il buio non cattura lo sguardo ma presenta il contenuto di luce che lo emargina: la vita come un progetto di morte.

Ma ricostruire le immagini da ritrarre, come fai tu, è come metterle in scena, è una rappresentazione teatrale… E poi, la vita come progetto di morte: un'immagine drammatica, una poetica da tragedia shakespeariana…

La vita stessa è una grande opera teatrale.
Dici Shakespeare?
Eccoti servito con le parole del Mcbeth:

«La vita non è che un'ombra che cammina; un povero commediante che si pavoneggia e si agita sulla scena del mondo, per la sua ora, e poi non se ne parla più; una favola raccontata da un idiota, piena di rumore e furore, che non significa nulla».

Ah vabbè, se la metti così mi tocca replicare con un frammento de "La Tempesta":

«L'inferno è vuoto… Tutti i diavoli stanno qui».

Ecco, ci siamo: quale dei tre biografi ha preso in considerazione la mia esistenza precedente a Milano e poi a Caravaggio?
Uno di loro ha dato conto della peste del 1577 che falcidiò la mia famiglia e uccise mio padre?
Quel che io vidi mi s'impresse nella memoria, mi fu chiara la fragilità degli uomini e la brutalità della morte, la lacerazione della mancanza improvvisa, il patimento che accompagna il dolore, l'inconsistenza del

trascendente nel duro contatto con la materia.

Cosa hanno colto i miei biografi di tale stato d'animo e della poetica che ha animato la mia attività di pittore?

Cosa diamine ne sanno loro che significasse per me lavorare su un dipinto tanto da sfiancare l'animo mio in un travaglio sublime, tormentoso, angosciante. Dovevo liberarmi di quell'estenuante pena e vivere l'ebbrezza dell'amicizia e delle passioni, rituffarmi nella vita, affrontarla di petto con lo stesso coraggio che essa pretende per essere riconosciuta e vissuta.

Guarda questa povera donna che sta morendo.

Cosa cogli nel suo sguardo proteso oltre gli angusti limiti della vista?

Nota bene: non c'è solo lo smarrirsi dell'impotenza, la percezione della caducità irrimediabile.

Guarda bene, c'è qualcosa in più.

È la rabbia.

La rabbia frenata dalla fragilità.

La rabbia di conoscere l'invidia per la vita in chi assiste alla sua morte.

Non è riconoscente: odia chi è qui con lei, un odio che non riesce a esprimere ma che i suoi occhi spaventati non riescono a nascondere.

La morte diventa misera rappresentazione di un desiderio inappagato di vita.

Quando ho dipinto il David con la testa di Golia è esattamente a questo concetto che mi sono ispirato e al disgusto della morte, così compresa, che si rispecchia nel volto di Golia come in quello di David: nessun trionfo.

Solo la consapevolezza della miseria che suscita la morte su entrambi i fronti.

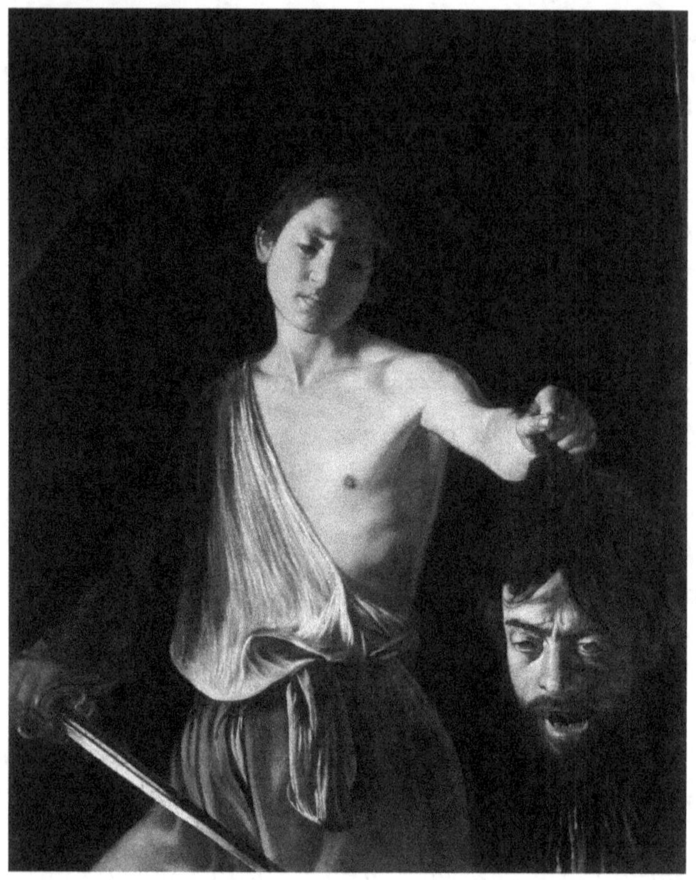

Come fece Benvenuto Cellini con il suo Perseo, il volto di Medusa e quello dell'eroe che ne tiene in mano la testa mozzata, hanno la medesima espressione...

Beh... Io feci di più: in chi vive sorge il disgusto per l'esito implacabile della vita. In chi muore si coglie l'istante del nulla che tutti siamo.
E poi, davvero credi che bastasse una Chiesa di nuovo forte a rompere ogni dramma del vivere e del morire, del libero o del servo arbitrio, della condanna e della salvezza, a fare gli uomini meno ardenti sul destino o sulla possibilità?
Il mio '600, quel poco che ne vidi con i miei occhi di carne, è ancora il secolo che lo precedette nel quale tutto crollò e quel che rimaneva

smottava chiedendo contrafforti per non cadere. Così nacque la passione per il vero, dei Carracci che furono maestri nel torno del secolo e poi dei "bambboccianti" che aprirono finestre sul volgo che faceva viva la città e la campagna. Poiché tutto si agita e tutto si tiene, nel dubbio è miglior cosa mostrare quel che appare ai sensi e non quel che fa retorica di beltà inesistente di "maniera". Che poi, sbaglia chi taccia quella del Barocco in età di svolazzi frivoli e di favola: prese quella maniera e la rese grandiosa nel ricomporla in figure che parean vive, il profano che s'avvede del sacro allorquando questo, nel suo volteggiare tra cielo e terra, tocchi il misero e l'infame. E quel che nasce tragico diviene commedia poiché la morte è anche resurrezione e l'umile è la via come fu umile il Risorto che portò la buona novella.

Sì, d'accordo, una spiegazione piuttosto chiara della tua poetica. Ma ancora non sono completamente convinto di quanto sostenevi circa la rappresentazione del reale. Assodato che si tratti comunque di una messa in scena, dell'uso di modelli reali, della combinazione di ombra e di luce che satura l'inquadratura, ebbene, io penso che tu non ti sia allontanato dal profilo dell'idea per cogliere il solo dato reale: l'idea permane nell'atto stesso della scelta che assumi nel comporre la scena.

Commetti un errore ma perdonabile.
Tendi a riconoscere valore assoluto ai termini "idea" e "realtà".
È più utile pensare a due modi d'intendere la medesima rappresentazione pittorica: quella interamente composta nella mente e riflessa sulla tela e quella desunta da modelli reali in un contesto di ricostruzione scenica che ne comprende l'ombra e la luce.
Hai appena parlato d'inquadratura: ecco il punto!
Ogni visione del reale è un'inquadratura che seleziona solo una parte d'immagine.
È questa una scelta che compiamo in ogni istante attraverso lo sguardo sul visibile.
Poiché quel che cogliamo con lo sguardo è sempre un tratto individuale in uno schema composito e complesso, un dipinto racconta la vita nel

suo dipanarsi tra gli intrecci di quel denso e inarrestabile moto dei sentimenti.

Dunque, il reale possiede un'origine individuale tanto quanto l'idea.

Lo spazio che le divide è sottile e rarefatto.

L'unico fattore che ne designa la distinzione è la vita come modello autonomo e l'aderenza a tale modello scevro dall'abbellimento.

Soprattutto, scevro dall'incoerenza della rappresentazione.

Prendi la "Cena in Emmaus", quella adesso conservata a Londra, che fu tanto criticata per il Cristo imberbe che in essa dipinsi.

Il passo evangelico indica di un Cristo che gli apostoli non riconoscono, dunque una figura che non ha le sembianze del Redentore con il quale essi avevano vissuto.

Quel Cristo si presenta a loro trasfigurato nell'immagine di un giovane privo delle fattezze e degli attributi fisici tipici.

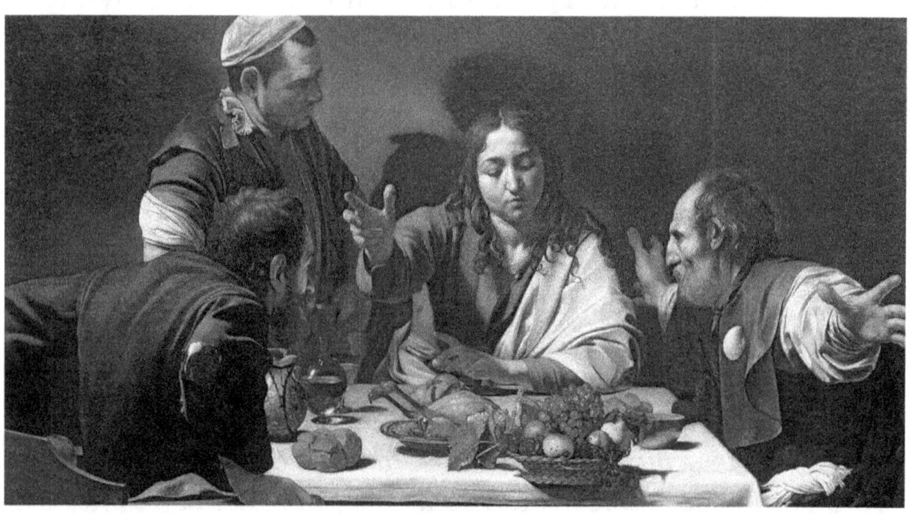

Questo è dipingere il reale poggiando le fondamenta sul testo sacro, unica certezza cui potersi riferire.

Reale e coerente corrono appaiati.

Nulla di questo i tre biografi che leggi hanno compreso e rilevato.

La loro è una visione superficiale, figlia delle loro stagioni e delle loro passioni e non certo ottica di chiarore.

Hanno narrato l'inconsistente gabellandolo per vero.

Specialmente Bellori, il cui utile servigio è solo quello di aver mostrato i sentimenti dell'arte nel suo tempo, illudendosi di seppellirla e invece fornendo gli ausili al conservarla fino a te.

Insomma, a darti retta il reale rafforza il sacro e lo porta fin dentro la vita dei sensi come a dar loro un'esistenza concreta. Si potrebbe dire: Dio è fra gli uomini, vive in mezzo agli umili, veste i loro panni, mangia il loro cibo, sente in sé le loro passioni e le loro miserie. Nessuna distanza, nessuna separazione. In assenza di una Bibbia e dei Vangeli in volgare, era l'arte a fare segno alla loro interpretazione. Così l'arte sacra del dopo concilio restaurò la visione gregoriana della *"pictura quasi scriptura."*

Questa volta hai detto bene. Infatti, dell'arte mia non si può dire nulla in verità se non si è compresa la mia natura di uomo di fede e di difensore della Chiesa romana del mio tempo: ho narrato il Vangelo che è il racconto del Dio fattosi uomo e dell'umanità dei santi e della Vergine e di quel che agli uomini è dato vedere: il sacro è annullato per volere dell'Onnipotente e non per orgoglio dell'essere umano nel sentirsi essere prediletto dal Signore.

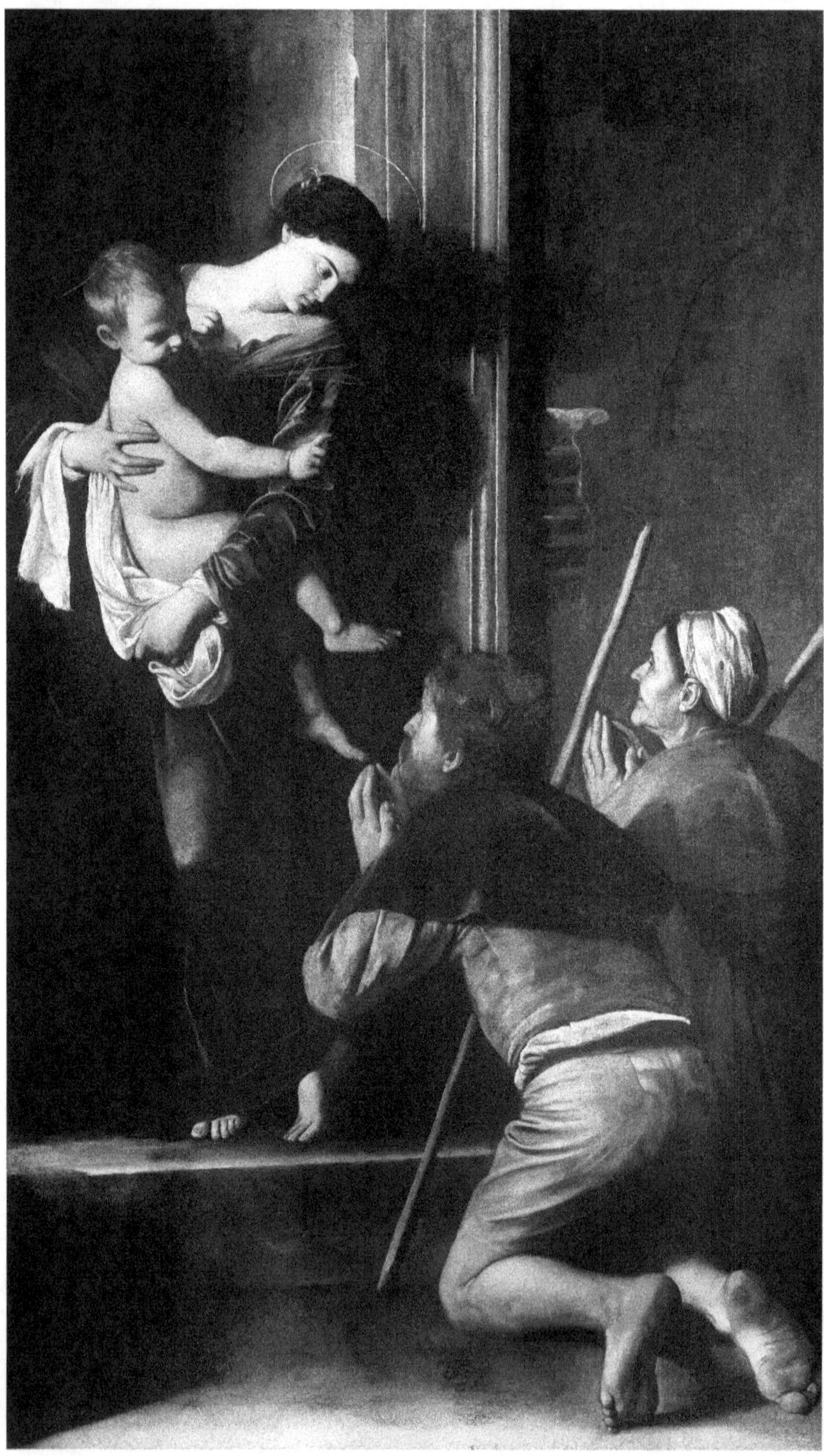

Così, la mia "Madonna dei pellegrini" è ancora una volta figura stagliata nel reale e non immagine astratta di santità.
Coloro che la incontrano non vedono segni ma intuiscono con il cuore lasciandosi incantare dalla "grazia" che ricevono.
Il divino non è manifestazione eterea ma apparizione tanto più emozionante quanto più è vera al cospetto dell'umile.
Sbaglia chi riflette sull'arte mia come pittura di genere: io ho esplorato il significato della fede cristiana nell'unica prospettiva possibile: quella dei Vangeli.

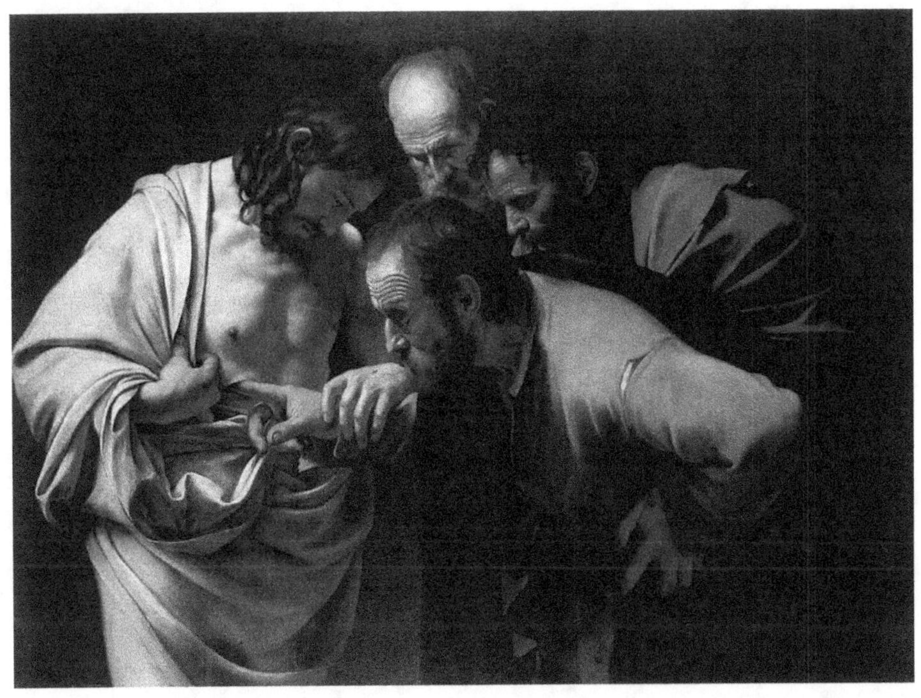

Un momento, qui mi sono perso: ma come, allora il "nulla" dell'esistenza e Shakespeare e la morte e tutto quello che si è detto prima?

Ricordi "L'incredulità di San Tommaso", quel dito infisso nella carne di Gesù?
La scena rivela lo spirito dell'uomo, diviso tra la percezione razionale e la fede nell'invisibile.

L'alea, oscillante tra la ricerca esigente del vero e la speranza salvifica, rimane uno spazio insopprimibile.
È il dramma dell'essere umano, è il buio che si staglia sullo sfondo della vita: il dubbio, anche nel credente più fervido, non si può scacciare. Nel tempo fa la sua comparsa, s'insinua, permane, fino all'ultimo istante, fino all'attimo estremo, quando il senso e il nulla sono di fronte e nessuna domanda può essere posta e nessuna risposta può essere invocata.
Questo è il destino: attesa di giungere sulla soglia che è necessario attraversare.
Nessuna esitazione.
Nessuna certezza.
Questo fato è la realtà.
Poiché l'esistenza, qualunque sia la vicenda di ciascun essere cosciente, è un cammino segnato da un'attesa.
Si vive per la morte.
Per quanto la speranza possa essere forte, la morte è uno scandalo, il "perché" rimasto strozzato in gola: perché vivere per essere salvati? O essere nati per diventare nulla?
Il buio è il nostro vero destino.

Già. Capisco. Le tue parole mi hanno fatto venire in mente il metodo inventato da Roberto Longhi per ricostruire il catalogo delle tue opere: risalire fino all'esistenza dell'originale prendendo la via dalle copie che circolavano. La ricerca del vero nel mucchio caotico delle imitazioni. Saprai, di certo, quel che disse questo straordinario studioso:

«… Nel caso di una pittura di spinta 'veridica' come quella del Caravaggio, una copia, anche diminuita nel ductus e impoverita nella materia in confronto all'originale, continua a trasmettere di esso la situazione mentale e quasi morale, il nocciolo di contenuto che si lascia poi rinvestire mentalmente anche della sua integrità di aspetto formale; non dico grammaticale. Il precetto,

s'intende, non avrebbe altrettanto corso nel caso di copie da dipinti fondati, invece, su una certa grammatica o sintassi di forme, diminuita la quale il senso del testo può perdersi quasi affatto. Una copia debole da un'opera di Annibale Carracci non ci consentirà issofatto di dir se l'originale non fosse per avventura di Agostino o del Massari; una copia debole dal Guercino tardo non ci può dichiarare senz'altro se l'originale fosse proprio di quel maestro o non piuttosto dello Zalone o di uno dei Gennari.»

E ancora:

«... Nel caso del Caravaggio, la novità radicale della situazione realistica, propria al maestro soltanto, resta come precipitato anche nelle copie più flosce o più secche; e così permette di trarne senza molto sforzo l'immagine degli esemplari smarriti.»

Ho sempre trovato formidabile la capacità di Longhi nel costruire un metodo rigoroso sulla base di tracce teoricamente fuorvianti. Invece, lui, proprio dalle copie, dalla "*texture*" che le caratterizzava, dall'*inventio* che queste mostravano nel loro contenuto, riusciva a rendersi conto della presenza, invisibile e quindi incerta, dell'originale.

Può essere una buona metafora. Tanto più che il Longhi rimane cospicuo e geniale, come mai altri, nell'intuire e risalire fino a me.
La questione fu, tuttavia, il costituirsi di un fiorente mercato intorno alla mia invenzione di figure e di spazio.
All'inizio, non me ne avvidi.

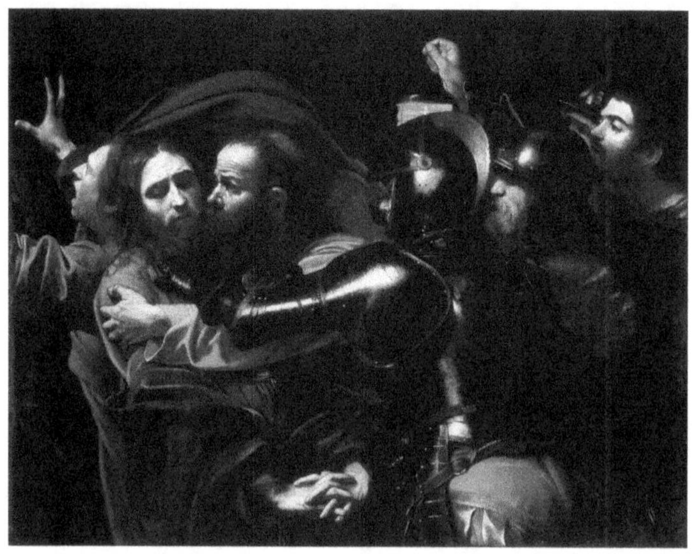

Cosa vorresti farmi capire? Che intorno a te si costituì un mercato del quale eri all'oscuro? Un mercato di opere false?

Intendiamoci: non erano falsi ma copie degli originali.
Sappi che lo stesso Mancini trafficava con copie delle mie opere.
E gli stessi collezionisti ne facevano copie per farne dono.
E tra i copisti ingaggiati vi fu anche un certo Bartolomeo Manfredi che fu mio discepolo, nonostante non fosse più tanto giovane per essere tale.
E Prospero Orsi, che fu pittore, ebbe grande fama di mercante di opere e di copie di opere mie, poiché fu grande mallevadore della fama mia per tutta Roma e altrove, così da potersi rendere sempre capace di farne commercio, in verità assai cospicuo.
Così, copiare le mie opere divenne pratica molto diffusa poiché tutti ambivano ad averne e io non ebbi mai il controllo su queste: venni sempre pagato, non posso lamentarmi. Ma, consegnata l'opera, io ne perdevo ogni diritto.

Secondo Longhi, la circostanza ti procurò amarezza. Altri critici e storici dell'arte non erano di questo parere.

È vero. Ha avuto ragione il buon Longhi, sagace.
Erano mie invenzioni, l'arte non è solo tecnica, esiste la creatività,

quella del "genio". E non ero contento di sapere che copie migrassero in ogni dove...

Però, quel sistema accresceva di molto la fama dell'autore: non sarebbe stato peggio un mercato di falsi Caravaggio?

Temo ci fosse anche quello.
Tanto fu il commercio di opere d'arte nella Roma del mio tempo che l'Accademia di San Luca, con Federico Zuccari, volle porre freno ai mercanti istituendo una commissione di dodici prescelti pittori "stimatori" i quali ponessero il loro sigillo sulla qualità delle opere, ad avversare la brama dello smercio smodato. Anche per questo il Baglione mi odiò, egli che fu tra i firmatari dei nuovi statuti dell'Accademia. E tenne molto a riportare il giudizio dello Zuccari sul mio San Matteo non come parere gratuito di questi ma come giudizio del massimo stimatore e garante della qualità delle opere di artisti in Roma.

Insomma, voleva che si sapesse di una bocciatura solenne, in fondo attinente propria quella tua capacità creativa, l'inventiva della quale sei rimasto orgoglioso, direi legittimamente.

Proprio così. Con i suoi "deputati", dunque, l'Accademia divenne voce autorevole. E in seguito, sempre in quel consesso, si decise che solo alcune botteghe potessero vendere le opere degli artisti. A beneficio, s'intende, dei collezionisti, poichè già a pochi anni dalla mia morte, per Roma, fu alta la confusione nel riconoscere gli originali dalle copie. Anche a Napoli con Luis Finson che fece una "Giuditta e Oloferne" traendola da una mia tela.

Oh, allora si può fare chiarezza anche su questo...

Mah, non voglio dire di più, non togliamo lavoro ai ricercatori di professione.
Allora, ti dovrebbe essere chiaro che anche i cosiddetti biografi furono intrallazzati con queste miserie.

Che davano, tuttavia, gran guadagno.

Di vil pecunia. Ma, tant'è.
Certo, quale strana cosa è tale storia dell'arte concepita alla stregua di ricerca di verità sul singolo mentre a contare è l'epoca e lo stile che la espresse.
Cose di uomini nel farsi della civiltà sono, dopotutto, le vicende di uno tra molti.
Così, quando la ricerca s'ingurgola in dispute sulla traccia del pennello, mortifica l'arte medesima e la fa minuzia rispetto all'espressione delle moltitudini racchiuse nel gesto di quell'uno.

Beh, questa non mi aspettavo davvero di sentirla.

È vero, occorre dirlo: dopo la tua parabola vennero altri due grandi, Battistello Caracciolo e Mattia Preti, coloro che Longhi definì, lasciando te per primo, "i geni pittorici del Seicento italiano". E i cosiddetti "caravaggeschi" furono molti: da Dirck van Baburen a Jusepe de Ribera (che fu uno dei primi), da Valentin de Boulogne al romano Domenico Fetti, da Matthias Stom, il fiammingo, a Carlo Saraceni, da Angelo Caroselli a Gerrit van Honthorst, solo per citare quelli che fanno parte della prestigiosa collezione Longhi.

Per non ricordare anche l'altrettanto intensa, ma forse poco celebrata, Artemisia Gentileschi. E ancora, Bartolomeo Manfredi e Giuseppe Vermiglio, Mario Minniti e Francesco Boneri detto *"Cecco del Caravaggio"*. Oppure i francesi Simone Vouet e Claude Vignon. E gli spagnoli, grandissimi, da Murillo a Velázquez. E gli altri olandesi definiti *"Caravaggisti di Utrecht"*.

Mi fermo qui.

Dunque, è vero, straordinaria è stata la tua fama in quegli anni ed enorme l'influenza che hai esercitato. Ma è stata il segno dell'epoca, del modo d'intendere l'esistenza e in essa il senso della figurazione pittorica, qualcosa che proveniva già dal '500 con i Campi e poi con i Carracci.

Un filone sul quale prese corpo l'arte moderna, quel naturalismo che Longhi considerò proiettarsi dalle tue tele fino a Courbet.

Tuttavia, sentire oggettivare l'arte proprio da te che hai cercato la dignità della fama e l'altezza sociale con aneliti rabbiosi…

Forse.

No, hai ragione.

E bene fai a citare spesso il Longhi, il primo a capire che la pittura mia veniva dai lombardi e non dai veneziani.

Sai, Longhi mi ha fatto pensare molto. Quel suo peculiare modo d'intendere l'arte come "poesia figurata" e poi la sua maniera letteraria di narrare l'arte, l'esigere una parola capace non solo di descrivere ma di fare ecfrasi evocativa di quel valore poetico reso in equivalenze verbali: tutto questo rimane anche per me affascinante.

Però, nel lungo tempo di questa mia anima vagante, ho avvertito tutte le influenze dell'arte che ho visto e di luoghi vissuti, di voci e di pensieri, di parole scritte e pronunciate, di immagini e di sensi toccati dalle emozioni della visione e di sensibilità acuite da quell'insieme magmatico che si definisce contesto. E adesso, non saprei quale sarebbe il mio dipingere il mondo di ieri e pure quello dell'oggi.

Vedi: ti sarai accorto che anche il mio linguaggio è mutato passando di tempo in tempo, ascoltando e leggendo al modo che non era mio.

Allora l'arte è pensiero di epoche e di fatti che suggellano la figura del singolo e la portano oltre l'arte stessa. E qui non so più se il Longhi avesse ragione a distinguere arte e pensiero: l'artista non è un essere avulso dal contesto ma sensibilità che raccoglie il suo esistere in quel mondo e lo esprime in un atto che fa sintesi.

In fondo, fa poesia.

Ma non è "poiesis", creazione, fuori dal suo cerchio temporale.

D'altra parte, ogni arte rispecchia il suo tempo, la storia ne è la miglior prova.

Il pensiero di un'epoca si rispecchia nelle arti, per matrici imprecisate, seguendo affluenti di origine enigmatica, mischiandosi in relazioni di causa e di effetto complesse e insondabili.

Eterogenesi dei fini, si potrebbe aggiungere.

Si potrebbe aggiungere...

In quello che sostieni c'è molto di Argan, della sua concezione dell'arte, in gran parte all'opposto della visione propugnata da Longhi. In Italia, questa "polarizzazione" è stata per molto tempo il campo di dispute intense e irrisolte, due scuole di pensiero incompatibili, tra il "Rinascimento" di Argan da una parte e il "Trecento" esaltato da Longhi, tra la preminenza del pensiero come valore unificante della raffigurazione e invece la singolarità dell'artista che si rivela nell'espressione pittorica fino a lasciarne le tracce della sua emozione. Insomma, per Argan l'atto artistico estetizza il sentimento di un'epoca, mentre per Longhi prevale un'estetica tutta pervasa di lirismo.

Osservando con il distacco dato dalla mia condizione di anima esule, accolgo entrambe le italiche acutezze, smussandone i tratti più spigolosi: fare arte è certamente nella natura dell'uomo, come sosteneva il Longhi; ma la natura dell'essere umano e quindi della sua arte è così sfaccettata da includere una congerie di possibilità e la convivenza di ogni contraddizione.
Insegnamento di Pico, dell'Alberti, del Machiavelli.
Dunque, non la forza di un discorso irrefutabile come di una legge di natura, quanto, al massimo, il sussistere di regolarità osservabili e infinitamente influenzate dagli eventi. Il fare artistico non può sfuggire al modo nel quale gli esseri umani vivono e pensano e dicono e tramandano.
Bada: nessun relativismo.
Solo la constatazione dell'inefficacia di ogni scenario ideale.

Insomma, tutto si tiene fin tanto che si accetti l'evidenza di un dinamismo caotico della storia: quando un fenomeno quantitativo assume rilievo ecco che muta in fenomeno qualitativo, sosteneva Hegel. Come dire: la tua pittura segnò un'epoca, tra la fine del '500 e gli inizi del '600, solo quando raggiunse una fama tale da influenzarne i tratti stilistici. La ragione di quella fama consiste in un pensiero e in un'estetica del tempo, nelle quali il tuo ruolo è allo stesso modo di innovatore e di catalizzatore.

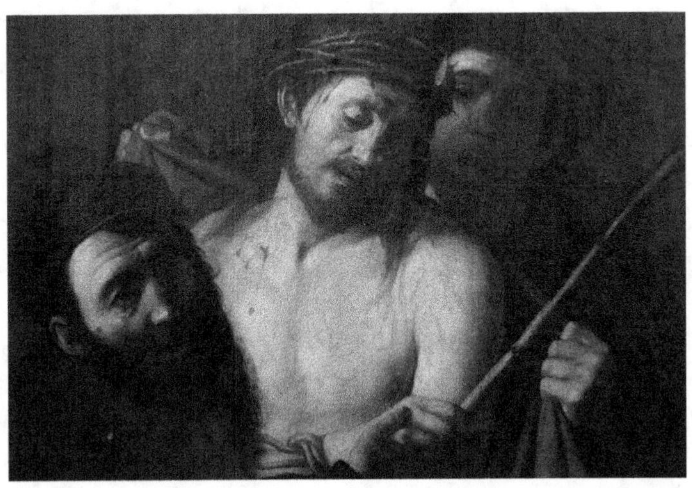

Mah, c'è qualche fondamento in quello che dici. Tuttavia fai cenno ad Argan e poi citi Hegel e fin lì non ti seguo: tentare di trovare un senso dell'arte nel tempo della scienza è una ricerca tutta filosofica. Spinta fin dentro una visione radicale. Ma io torno al buon Roberto Longhi e gli sto dappresso quando scrive:

> «*L'opera d'arte, dal vaso dell'artigiano greco alla Volta Sistina è sempre un capolavoro squisitamente relativo. L'opera non sta mai sola, è sempre un rapporto. Un'opera sola al mondo non sarebbe neppure intesa come produzione umana, ma guardata con riverenza o con orrore, come magia, come tabu, come opera di Dio o dello stregone, non dell'uomo. E s'è già troppo sofferto del mito degli artisti divini e divinissimi, invece che semplicemente umani.*».

Sì, è una considerazione tratta dal primo numero di "*Paragone*", il periodico fondato da Longhi nel 1950. Se

ho compreso bene, vuoi dire che la produzione artistica, quando prescinde dall'essere umano, quando la si astrae da quel confine che è l'uomo, perde ogni fondamento, fino a diventare incomprensibile, forse inutile?
Eppure, senti cosa affermò Argan sul settimanale *"L'Espresso"* nel 1982:

«Con la seconda guerra il distacco tra gli artisti e il sistema precipitò in voragine. Già prima Husserl aveva descritto la crisi delle scienze europee, di cui l'arte era una, benché non messa nel conto. Dopo la guerra i filosofi della crisi, da Jaspers a Adorno, hanno escluso che la creatività dell'arte potesse prodursi in un mondo che, con la bomba atomica, aveva scelto la distruzione. Può sorprendere che, invece del silenzio, si sia avuta da allora una fitta proliferazione di tendenze che salivano verticali, si aprivano a ombrello, dileguavano lasciando la terra bruciata. Spregiarle come basse manovre giurando di credere solo alla benedetta qualità dell'opera era idiota. Il fenomeno era serio. Rifletteva l'interna crisi dell'arte che, non più definita dal suo ruolo nel mondo, cercava di definirsi da sé, spesso per tautologia. L'eternità dell'arte è una frottola, il vero problema è la sopravvivenza della civiltà dopo la fine dell'arte. E questo dipenderà anche dal modo con cui l'arte avrà vissuta la propria fine, che sarà ancora un momento della sua storia, di tutti il più illuminante.».

Eccoci, hai proprio toccato il punto nevralgico, quello che definisce la vera differenza tra i due grandi storici e critici italiani: la presunta fine dell'arte. Che poi non finisce nemmeno per Hegel: termina la sua funzione mediatrice della coscienza nel cammino verso la verità. Ma rimane viva nell'espressività di uno sguardo sensibile, rivelatrice di un'ombra oltre l'apparenza.
E poi, che la consapevolezza, nell'umano, sia stata raggiunta come pretese di sostenere Hegel, beh, lasciami il beneficio del dubbio.

No, per il Longhi, al contrario, l'arte non ha una fine: è abbarbicata all'essere umano che mai potrà scrollarsela di dosso, pensiero in immagini o singolarità gettata nel tempo che dir si voglia.
L'uomo è il riferimento di ogni critica d'arte, l'uomo, il suo tempo, la sua ricerca, la sua cultura sentimentale.
Nell'epoca tua, magari un po' prima, si è affermata la storia dell'arte come disciplina di studi. Ma nel mio tempo e prima e dopo, l'arte era raccontata come "vita dei pittori" e via dicendo: storia di artisti.

E già, hai detto bene: non è stato un passaggio di poco conto.

Del resto, non ci credo che sull'arte si possa aver già detto tutto.

Per esempio, penso a una sorta di antropologia che si allarghi a tutte le manifestazioni dell'essere umano, a ogni fenomeno del suo stare al mondo e del suo essere in relazione indissolubile con questo e con se stesso.

L'arte come l'espressione intensa e più vera di questa relazione.

A questo proposito, mi hai fatto venire in mente il celebre sonetto che nel suo *"Felsinea pittrice"* Carlo Cesare Malvasia attribuì ad Agostino Carracci:

> *Chi farsi un bon pittore cerca, e desia*
> *Il disegno di Roma habbia alla mano,*
> *La mossa, coll'ombrar Veneziano,*
> *E il degno colorir di Lombardia.*
> *Di Michel'Angiol la terribil via,*
> *Il vero natural di Tiziano,*
> *Del Coreggio lo stil puro, e sovrano,*
> *E di vn Rafael la giusta simetria.*
> *Del Tibaldi il decoro, e il fondamento,*
> *Del dotto Primaticcio l'inventare,*
> *E vn po' di gratia del Parmigianino.*
> *Ma senza tanti studi, e tanto stento,*
> *Si ponga solo l'opre ad imitare,*

Che qui lascioci il nostro Nicolino

Non è certo un esempio apprezzabile dell'antico *"ut pictura poesis"* tramandato da Simonide di Ceo, passando da Plutarco e poi da Orazio.

Tuttavia, apre molti spiragli alla comprensione del fare pittorico alla fine del '500.

Ma tu, a questo punto: tu, Caravaggio, che genere di artista sei stato?

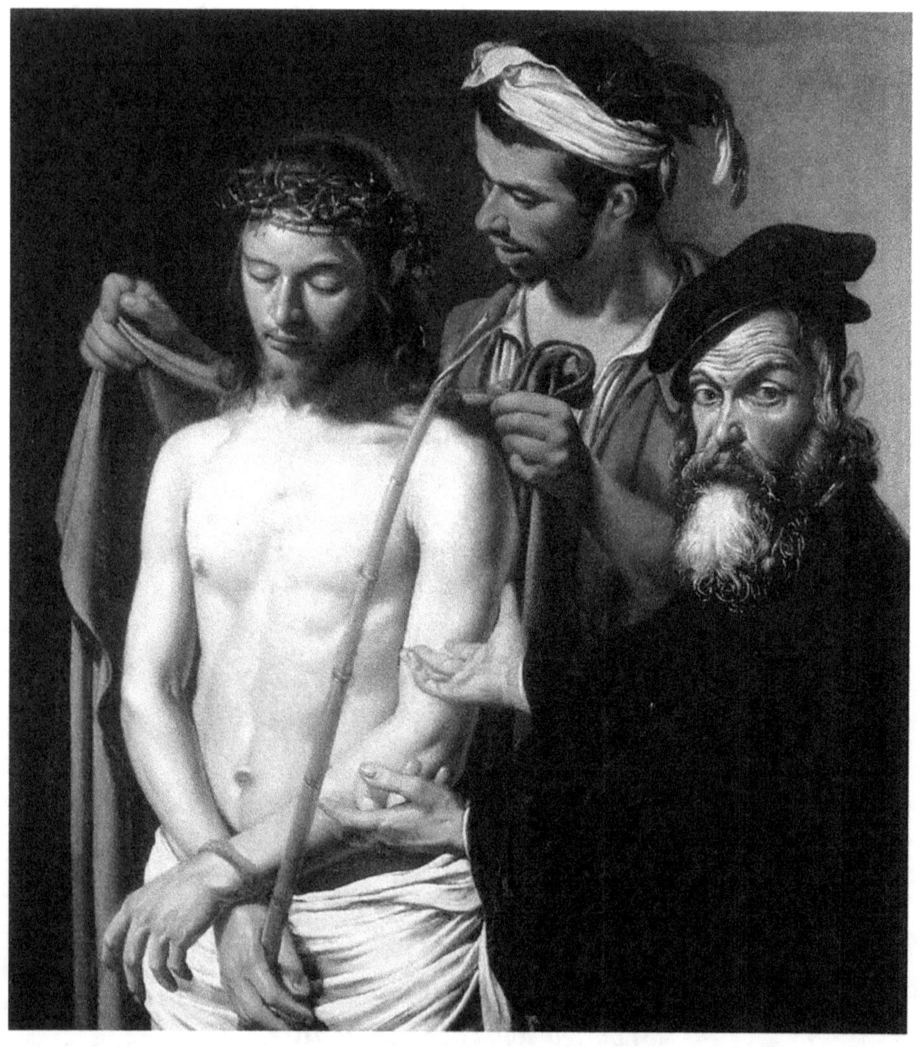

Che domanda!
La mia vita fu quella che fu. E amen.
Eppure, in questi secoli vagando, ho compreso la miseria della monade che s'illude di avere un'anima, di essere sale del mondo, incapace di rassegnarsi alla "kénosis", allo svuotamento del sé che insegnò San Paolo. E prima di costui, chi gli fu altissimo Maestro, il Gesù che pronunciò:

«Beati i poveri in spirito, perché di essi è il regno dei cieli.»

Chi sono, dunque, i poveri in spirito se non coloro che abbiano abbandonato, meglio, che abbiano avuto la forza immane di abbandonare la "philopsychia", quell'amore per il proprio "Io" che è il più vigoroso ostacolo sulla via della fede autentica?
Ecco, quel Caravaggio non fu capace di essere fino in fondo nella fede.
Anche sapendone narrare le forme apparenti come altri non furono in grado all'epoca sua ma solo dopo averne ammirato la differenza.
Ti basti percorrere San Luigi dei Francesi fino alla Cappella Contarelli...

Ecco, adesso ti riconosco... E poi, è vero: ricordo anch'io l'impressione che lascia negli occhi l'*Adorazione dei Magi* lasciata da Giovanni Baglione a pochi metri dal tuo San Matteo.

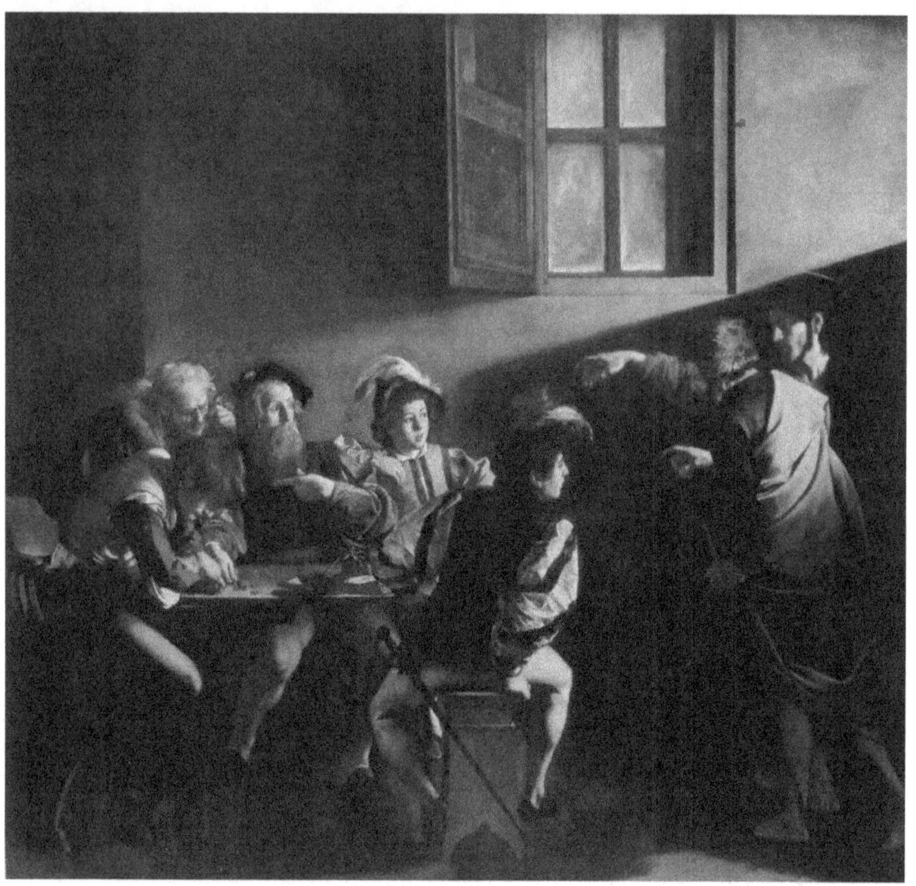

Già, è proprio così.
Voglio parlarti del verso celebre che hai rievocato, "ut pictura poesis",
tradotto con quest'espressione:

> *«La pittura è una poesia muta e la poesia una pittura*
> *parlante».*

Ecco, c'è sempre un richiamo al Longhi: come si può raccontare la
pittura se non facendo uso del linguaggio poetico?
Eppure, c'è stato chi ha lasciato i suoi dubbi su quest'equivalenza,
il primo fu Leonardo, ma nell'età dell'Illuminismo della faccenda si
prese cura Lessing con quel suo saggio, "Laocoonte ovvero dei confini
della pittura e della poesia", obiettando con rigore sulla validità della
coincidenza di queste due forme d'espressione: l'azione nel suo farsi
descritta dalla poesia e la scena fermata nell'istante descritta dalla
pittura e dalla scultura.
Due tracce nel tempo, distinte, inconciliabili.
Eppure, entrambe evocative: dell'immagine la prima e della
narrazione la seconda.
No, è una distinzione che non coglie il nesso tutto inscritto
nell'evocazione, uno stato di pensiero capace di regalare alla mente
le tracce di un percorso indefinito, individuale e transitorio, fatto
di innumerevoli repliche mai uguali, la parola e l'immagine che si
sciolgono nella memoria.
E poi, quel richiamo al sonetto di Agostino Carracci: è tecnica.
L'arte è una tecnica, lo era nell'accezione antica ma lo è
rimasta, sempre, anche se velata dalle sovrastrutture che l'hanno
caratterizzata nel rapporto con il sacro.
Da quel saldarsi dell'immagine con l'inesprimibile, un connubio
critico, complesso, marchiato dal dubbio, è sorto uno statuto nuovo
dell'atto pittorico che è divenuto più profondo di ogni altra forma
artistica, persino della musica.
L'arte suscita e lascia sognare il sublime.
Eppure, ha le radici piantate nella tecnica, nel fare inteso come atto
dell'artigiano sapiente che conosce i "trucchi" del mestiere.

Sfuggire a questa verità dell'essere umano che agisce con le mani e soggiace allo sguardo, conduce verso l'errore dell'incomprensione.
Allo stesso modo, dimenticare che il fare artistico abbia trovato accoglienza nei luoghi del decoro, dai templi alle basiliche e alle cappelle gentilizie, dai palazzi pubblici alle residenze delle aristocrazie, passando tra spire avvolgenti di mercanti e collezionisti, significherebbe ignorare l'origine e lo scopo di ogni opera.
Infine, ciascuna opera riflette un "caso", il risultato di una relazione necessaria con il mondo. Ricordi Ludwig Wittgenstein e il suo "Tractatus Logico-Philosophicus"? Ebbene, ecco cosa sostiene in una delle sue proposizioni:

> *«Come non possiamo affatto rappresentarci oggetti spaziali al di fuori dello spazio, né temporali al di fuori del tempo, così non possiamo rappresentarci nessun oggetto al di fuori della possibilità del suo collegamento con altri.».*

Dunque, l'arte che sembra poter attraversare ogni confine, fino a cogliere l'impensabile del sacro, nella sua sostanza esprime l'impossibilità di raggiungere il confine dell'impensabile. Basti anche qui rammentare lo stesso Wittgenstein quando nella prefazione al suo "Tractatus" scrive:

> *«Il libro vuole quindi tracciare un limite al pensiero, o piuttosto – non al pensiero, ma all'espressione dei pensieri: poiché per tracciare un limite al pensiero dovremmo poter pensare entrambi i lati di questo limite (dovremmo cioè poter pensare ciò che non può essere pensato).»*

Ecco perché l'arte deve tutto all'intuizione francescana del Dio incarnato senza la quale tutt'al più la pittura occidentale sarebbe rimasta bidimensionale e simbolica. Permanendo nelle sue possibilità d'espansione, in Occidente, la pittura non avrebbe mai potuto essere diversa da come è stata: rappresentazione della realtà che nasconde il reale.

La luce e il buio.

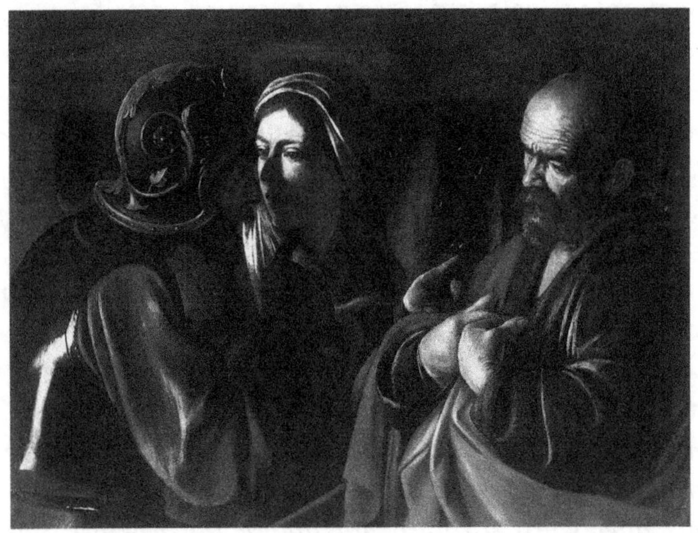

Ma lasciami dire, adesso, prima che non abbia più voglia di parlare, quanto dolore in gola mi lasciò la critica dei falsi dotti rosi dall'invidia.

L'uomo è angelo e diavolo, è l'essere incompiuto per sua natura, chiamato alla scelta della forma di sé in ogni momento.

In questa umanissima constatazione sorge il senso del cristianesimo, la verità di una fede che separa dall'ambiguità, che dissipa il caos e lascia sorgere l'ordine.

Ebbene, io non fui mai in me stesso quell'ordine, ma caotica emozione: ambivo al sentimento fondante e invece restai pulsione.

Vittima dei sensi, avvinto nell'attimo che non ha pensiero ma solo riflesso dell'impressione.

Sono rimasto atto vivente di un'immagine: quella del "Ragazzo morso da un ramarro", la rammenti?

Rammenti quel volto sorpreso dal dolore inaspettato, improvviso, ingiusto?

La fede nella vita smarrisce nell'istante, si frantuma, si scioglie.

Così, nel pathos della fede, di ogni fede, celai il dramma della vita: questo è il costante narrato delle mie tele.

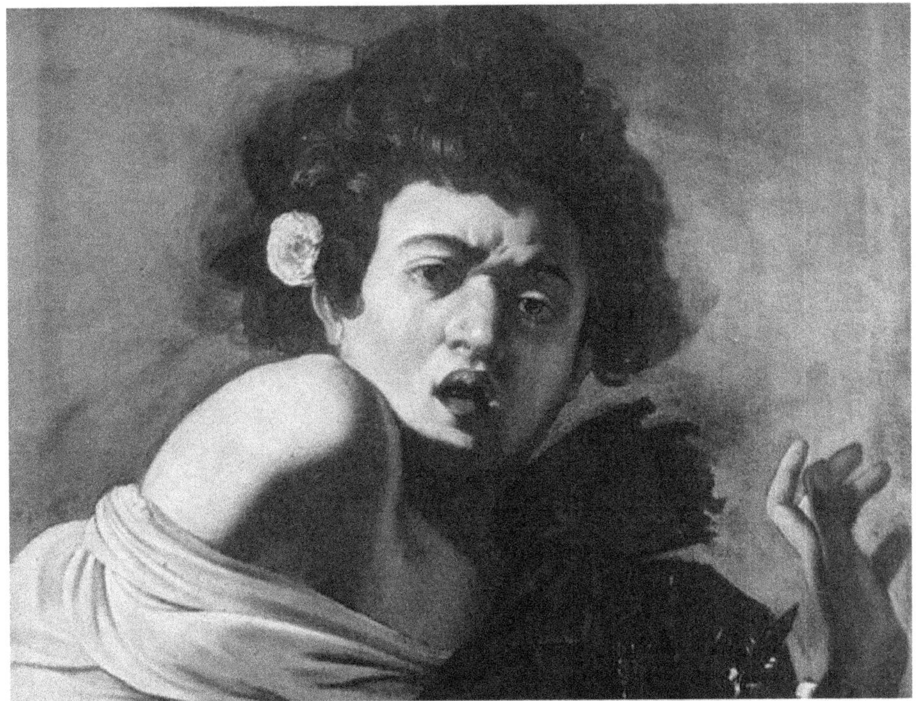

Sì, certo che rammento il tuo dipinto.

Tutto finisce in figure.

In fondo, anche le parole creano figure, le immagini mentali di cui parlavi poc'anzi.

Anche questo dialogo, fatto di parole, propone le sue immagini, tu e io che parliamo, chissà dove e chissà perché.

Qual è lo scenario che fa da sfondo a questo dialogo?

Qual è il tono delle nostre voci?

Come siamo davvero?

Ed esiste un vero che ci riguarda?

Per ogni lettore, saremo l'oggetto di immagini soggettive, nessuna uguale all'altra, come se ogni frase potesse comporsi in miriadi di figure.

Strano il destino delle parole.

E quante ne sono state dette e scritte su di te: ormai ne emergi trasfigurato.

Anch'io, qui, ho fatto di te un'ennesima figura, mettendo nei tuoi discorsi parole mie.

Che io sia Caravaggio quanto lo sia tu?
E ogni lettore sarà infine Caravaggio quanto me?
La conclusione più logica è questa.

Chi può negare che le tue parole non siano le mie?
Hai potuto pensarle come mie, questo è sufficiente.
Ma adesso svegliati ragazzo, il tempo del sogno è finito.

Veramente, ahimè, non sono più un ragazzo.

Lo sei, fin tanto che ti applichi, con verità, a comprendere quanto non sai.

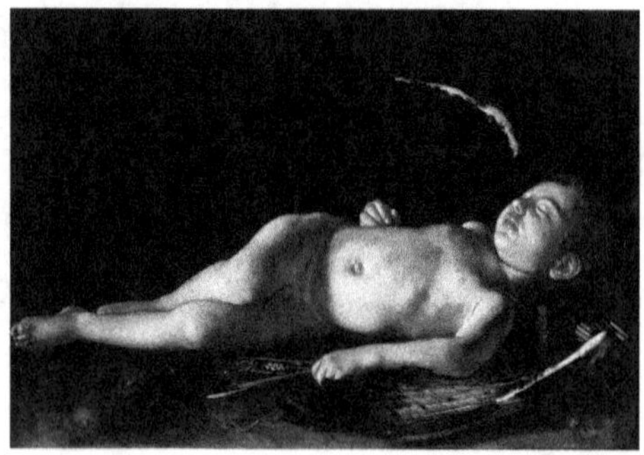

INFORMAZIONI SULL'AUTORE

Gianpiero Menniti

Nato a Catanzaro il 23 marzo 1969.
Per oltre un ventennio, dal 1995, è stato dirigente d'azienda.
Giornalista pubblicista dal 2012, ha conseguito tre lauree con il massimo dei voti: la prima in Comunicazione e le altre due in Beni Culturali.
Figura poliedrica, è appassionato di storia 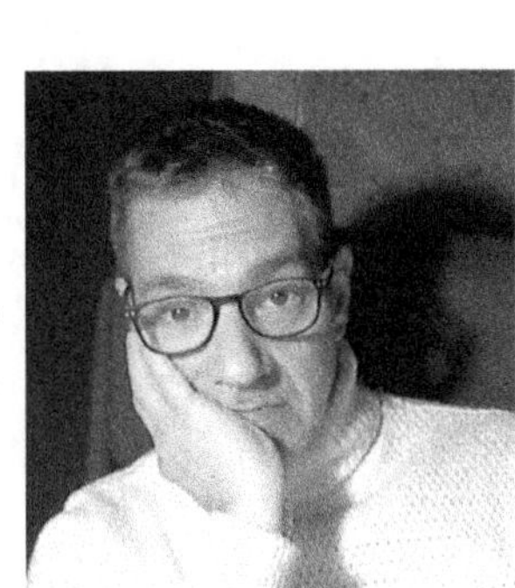 dell'arte e di estetica, di architettura, di gastronomia, di vela e automobilismo, di storia e politica, di letteratura, di economia, di organizzazione e comunicazione.
Sempre insoddisfatto, per questa ragione rimane curioso, meditativo, perennemente alla ricerca.
Come l'Ulisse dantesco, teme di essere destinato all'Inferno.

SHORT ART BOOKS

La collana "Short Art Books" è dedicata a brevi, scorrevoli saggi sulla storia dell'arte e sull'estetica dei fenomeni artistici, proposti in una modalità spesso insolita poiché inscritta nella percezione dell'autore e ricomposta nella forma di testi narrativi.

Sguardi Sull'arte Libro Primo

Sguardi Sull'arte Libro Secondo

Sguardi Sull'arte Libro Terzo

Sguardi Sull'arte Libro Quarto

Il Gotico Che Non Ti Aspetti

Donatello E Il Rinascimento Tragico

LIBRI DI QUESTO AUTORE

Le Streghe Di Shakespeare Il Racconto Di Un Romanzo

Machiavelli Tra Passione E Destino

Il '300 Di Boccaccio E Dei Lettori Del Decameron

Sarà Dipingere!